DATE DUE

Celebremos el Cinco de Mayo

Carolyn Otto

Dr. José M. Alamillo, asesor

NATIONAL GEOGRAPHIC

WASHINGTON, D.C.

Alain Villa espera su turno para actuar junto con otros bailarines en Los Ángeles, California.

fiestas

Cada año, en México y en los Estados Unidos, celebramos el Cinco de Mayo con fiestas, música y baile.

música

El Cinco de Mayo conmemora la victoria en la batalla de Puebla del ejército mexicano sobre unas fuerzas francesas superiores, en 1862. En los EE.UU., el Cinco de Mayo se ha convertido en una alegre celebración de la cultura mexicana.

baile

Sombrero de paja

3

Conmemoramos nuestra historia.

El Cinco de Mayo a veces se confunde con el Día de la Independencia de México. México se independizó de España el 16 de septiembre de 1821, pero el país recién independizado atravesaba un momento difícil. Tenía deudas con numerosos países, ansiosos de aprovecharse de sus tierras y recursos. Incluso tuvo que enfrentarse con los Estados Unidos en una guerra en la que perdió prácticamente la mitad de su territorio.

Eran malos tiempos para México. El presidente pidió un aplazamiento en el pago de las deudas para poder reconstruir el país. Todos los demás países aceptaron menos Francia.

La plaza del Zócalo, en Ciudad de México, revela sus raíces españolas.

Francia envió a sus tropas, que atravesaron el Atlántico hasta llegar a México. Los soldados franceses se adentraron en el país y se encontraron con el ejército mexicano en Puebla, cerca de Ciudad de México, la capital.

v *Hombres vestidos con uniformes franceses del siglo XIX recrean la batalla de Puebla en San Diego, California.*

Nos enorgullecemos

de nuestra victoria.

Los franceses eran más numerosos que los mexicanos, iban mejor armados y llevaban elegantes uniformes. Pero el ejército mexicano luchó con valentía y finalmente consiguió derrotar a los franceses.

Cada año, en Puebla y en muchas otras partes, recreamos la famosa batalla. Unos hacemos de soldados franceses y otros, de soldados mexicanos. Realizamos desfiles para mostrar cómo marchaban los ejércitos de otros tiempos.

∧ *Los mexicanos contra-atacan en la recreación de la batalla. Hoy en día, sólo disparan pólvora sin balas y nadie resulta herido.*

En los Estados Unidos
también organizamos desfiles.
Reafirmamos nuestra cultura
con mucha música y baile.

Lo celebramos con música y baile.

< *Bailarines folklóricos celebran
el Cinco de Mayo en Phoenix,
Arizona.*

> *Dos miembros de una compañía
de danza mexicoamericana se
sonríen mientras actúan ante el
capitolio estatal de Sacramento,
California.*

Los niños llevan sombreros vaqueros y las niñas visten faldas de volantes. Las madres trenzan el pelo de sus hijas con cintas verdes, blancas y rojas, los colores de la bandera mexicana.

∨ *Participantes en West Saint Paul, Minnesota, despliegan con orgullo una bandera mexicana: verde, blanca y roja.*

verde

10

< Durante una celebración del
Cinco de Mayo en Los Ángeles,
una niña con el pelo trenzado
con cintas actúa con el Ballet
Folklórico.

rojo

blanco

> Un niño en Port Huron, Michigan, luce
un tradicional sombrero mexicano y
una moderna camiseta con los colores
de la bandera de México.

Hacemos desfiles.

∧ *Miembros de un club de bicicletas* lowrider *participan en el desfile de la ciudad de Nueva York.*

Desfilamos en carros alegóricos cubiertos de flores de papel. En los Estados Unidos, entretenemos a la multitud con autos especiales conocidos como *lowriders*. Algunos de nosotros desfilamos en bicicletas *lowrider* especiales.

Grupos de mariachis desfilan con nosotros o se detienen y tocan canciones para la gente agrupada a lo largo de las calles. A veces bailamos danzas tradicionales con nuestros trajes multicolores.

< *El carro alegórico de los Danzantes de las Américas pasa ante el capitolio estatal de Denver, Colorado.*

13

Los músicos de Alma del Sol
interpretan música de mariachi
durante la fiesta del Cinco de
Mayo en Scottsdale, Arizona.

Tocamos nuestra propia música.

¡Hay tantos tipos de música en México! Tradicional, ranchera, banda, mariachi,... ¡son tantos los nombres! También tenemos música pop americana, hip-hop y el clásico rock and roll. En los Estados Unidos es fácil sintonizar emisoras de radio con nuestra música mexicana preferida. ¡A veces, incluso tocamos nuestra propia música!

∧ *Maracas*

Nuestros desfiles nos

llevan a reunirnos en parques, auditorios y zonas de recreo. En algunos lugares se realizan grandes celebraciones. Mostramos artesanías, organizamos juegos y damos a conocer las tradiciones mexicanas. Hay cosas interesantísimas para ver: desde bailes folklóricos hasta carreras o desfiles de moda para chihuahuas.

∧ *El chihuahua Mejerle luce su espíritu de equipo en Chandler, Arizona.*

> *Un niño de Denver mantiene las tradiciones mexicanas aprendiendo a usar el lazo.*

Los Ángeles acoge a cientos de miles de personas en su desfile de 36 cuadras de largo, probablemente la mayor celebración del Cinco de Mayo del mundo.

¡Nos divertimos!

¡Rompemos la piñata!

Uno de nuestros juegos

favoritos es romper la piñata. Una piñata puede tener muy diversas formas y, como está hueca, puede llenarse de regalos. A un niño o una niña con los ojos vendados se le da un palo o un bate para que la pegue. Aunque cuesta acertar, al final alguien la rompe y los dulces caen por todas partes.

< Piñata en forma de burro

< Cameron Heape decora su piñata en Independence, Kansas.

> En Syracuse, Nueva York, Kelly O'Sullivan trata de golpear la piñata lo mejor que puede.

19

∧ *Lupita Robles prepara una cazuela de arroz con frijoles durante una fiesta del Cinco de Mayo en Lufkin, Texas.*

¡Y comemos! En las fiestas

vendemos todo tipo de comida sabrosa: tacos, burritos, churros, limonada… Pero para muchos de nosotros el auténtico festín comienza después.

Por la tarde, al regresar a casa con nuestras familias, nuestros padres y madres ya colgaron luces blancas en los patios traseros. Es entonces cuando nos reunimos con nuestros abuelos, tíos y primos.

Las mesas de picnic rebosan de especialidades mexicanas, como arroz con frijoles, pollo cubierto con un mole oscuro y picante, tamales, burritos o carne asada. Todo está delicioso.

> *En Mérida, México, tres niñas vestidas con el traje tradicional se esconden tras sus algodones de azúcar.*

¡Y comemos!

Cada año, el Cinco de Mayo

reafirmamos nuestra historia, nuestras raíces y nuestra cultura. Nos sentimos orgullosos y por eso gritamos: ¡Viva México!

¡Viva el Cinco de Mayo!

En Denver, un niño sonríe con orgullo mientras ondea una bandera mexicana sobre sus hombros.

MÁS INFORMACIÓN SOBRE EL CINCO DE MAYO

Contenido

Los datos

QUIÉN LO CELEBRA: Se celebra principalmente en México y en los Estados Unidos.

QUÉ ES: Es el día en que se conmemora la victoria en la batalla de Puebla, ocurrida el 5 de mayo de 1862.

CUÁNDO SE CELEBRA: La fecha es el cinco de mayo, aunque a menudo se celebra el fin de semana más próximo.

CELEBRACIONES: Desfiles, baile, comida mexicana y manifestaciones de costumbres mexicanas y mexicoamericanas. Recreación de la batalla. Vestidos tradicionales y decoraciones con los colores de la bandera mexicana.

COMIDA: Tortillas, carnes, arroz, frijoles, chiles y salsas. Muchas familias se enorgullecen de sus tamales, hechos con harina de maíz, que se pueden rellenar tanto con maíz dulce y uvas pasas como con carne picante de cerdo, res o pollo, para luego envolverlos en hojas de maíz y cocerlos al vapor.

La Raspa: un baile folklórico mexicano

Hay muchas variaciones de este baile. Ésta es sólo una de ellas. Puedes visitar http://www.alegria.org/ si quieres saber más de los bailes folklóricos mexicanos.

Se forman parejas, preferiblemente con un niño y una niña, y se colocan en círculo.

PRIMERA PARTE

Salta sobre el pie izquierdo, apoyando el talón derecho con la pierna estirada y la punta del pie hacia arriba. Luego salta sobre el pie derecho, apoyando el talón izquierdo con la pierna estirada y la punta del pie hacia arriba. Vuelve a saltar sobre el pie izquierdo con la pierna derecha estirada y da dos palmadas. O sea, salta sobre el pie izquierdo, luego sobre el derecho, finalmente sobre el izquierdo y da dos palmadas.

Después, haz lo mismo pero al revés. Empieza por saltar sobre el pie derecho, apoyando el talón izquierdo; luego salta sobre el izquierdo y otra vez sobre el derecho. Vuelve a dar dos palmadas. Repite toda la primera parte.

SEGUNDA PARTE

Cada pareja se agarra por el codo derecho, uno de frente y otro de espaldas, y saltan en el sentido de la agujas del reloj ocho veces. Luego, lo repiten al revés: se agarran por el codo izquierdo y saltan en sentido contrario a la agujas del reloj otras ocho veces.

Cómo se celebra el Cinco de Mayo en los EE.UU.

Como puedes comprobar en las ilustraciones de este libro, el Cinco de Mayo se celebra por todos los Estados Unidos. Con una computadora puedes saber fácilmente qué celebraciones hay cerca de donde vives; basta con que teclees en Google o en Ask.com el nombre de tu población (o el de la población grande más cercana), la palabra "Cinco" y el año.

Denver se enorgullece de celebrar a lo largo del Federal Boulevard uno de los mayores desfiles de carros, bicicletas y triciclos *lowrider*.

En Portland, Oregón, se celebra una ceremonia de naturalización en la que se otorga a los participantes la nacionalidad estadounidense. La celebración no es exclusivamente para mexicanos, sino que acoge también a personas de otros muchos países.

Se celebran carreras de chihuahuas en muchos lugares, pero probablemente es Chandler, Arizona, donde tiene lugar la más famosa de todas. Los perritos no sólo compiten en carreras, sino que también se celebra un desfile de moda y se corona a una reina y a un rey de los chihuahuas.

La ciudad de Nueva York siempre celebra un gran desfile el Cinco de Mayo, así como Port Huron, Wisconsin, Independence, Kansas, y Washington, D.C.

¡Entérate de la celebración que tienes más cerca!

∧ *Este carro* lowrider, *en un desfile celebrado en Detroit, Michigan, parece estar bailando.*

La receta de burritos de mi hermano

Cuando estaba en la secundaria, mi hermano menor y sus amigos perfeccionaron una versión sencilla de los burritos con frijoles y queso. Los ingredientes variaban según lo que encontraran en la despensa o en el refrigerador. Como la receta exige usar la cocina, una tabla de cortar y un cuchillo, deberás pedir ayuda a un adulto.

INGREDIENTES:
Tortillas de trigo (de tamaño medio)
Frijoles refritos
    (1 ó 2 latas según el número de personas)
Salsa mexicana
Queso rallado

INGREDIENTES OPCIONALES:
Chiles verdes no muy picantes o aceitunas negras a rodajas en lata (escurre el líquido sobrante). Lechuga, aguacate, tomates o cebollas frescos. La crema agria siempre va bien.

NECESITARÁS:
Papel de aluminio, una cacerola, un abrelatas, un colador, una tabla de cortar y un cuchillo, cuencos pequeños y cucharas. Un plato y una servilleta para cada amigo.

1. Precalienta el horno a 300º F.

2. Calcula una tortilla por persona.

3. Envuelve las tortillas en papel de aluminio y ponlas en el horno entre 6 y 10 minutos.

4. Abre la lata de frijoles refritos, ponlos en la cacerola y remuévelos. Coloca la cacerola en la hornilla a fuego mediano. Cuando los frijoles comiencen a burbujear, remuévelos de nuevo y luego baja el fuego al mínimo.

5. Dile a tus amigos que te ayuden. Abre la salsa. Abre las latas y escurre su contenido. Corta los ingredientes frescos. Si quieres, puedes ponerlos en cuencos con cucharas y colocarlos sobre la mesa.

6. Cuando los frijoles estén calientes y los demás ingredientes listos, usa guantes para sacar las tortillas del papel de aluminio. Tómalas de una en una, ponlas en un plato y en el medio extiende 2 ó 3 cucharadas de frijoles. Esparce por encima abundante queso rallado.

7. Tus amigos pueden empezar a añadir ingredientes a sus burritos mientras tú sigues haciendo los demás.

8. Apaga la hornilla y el horno y prepárate un burrito para ti.

9. Para armar el burrito, dobla uno de los extremos de la tortilla sobre el relleno y luego enróllala. Un extremo quedará abierto. ¡Ya está listo para comer!

¡Viva el verde, el blanco y el rojo!

La bandera de México es verde, blanca y roja. En la banda central (blanca) se representa un águila, posada sobre un nopal, con una serpiente en el pico mientras la sujeta con una de sus garras. Según la leyenda, cuando los aztecas buscaban el lugar adecuado para vivir—aquel donde vieran un águila sobre un nopal comiéndose una serpiente— lo encontraron en el lago Texcoco y se asentaron en la zona que hoy ocupa la Ciudad de México.

Seguidores de México durante la Copa del Mundo en Alemania

Dónde hallar información

LIBROS

Levy, Janice; ilustraciones de Loretta Lopez, traducción al español de Miguel Arisa. *¡Celebremos! ¡Es el Cinco de Mayo!* Chicago: Albert Whitman & Company, 2007.

Lowery, Linda; ilustraciones de Barbara Knutson, traducción al español de Julia Cisneros Fitzpatrick y Mercedes P. Castañer. *El Cinco de Mayo.* Minneapolis: Ediciones Lerner, 2005.

Flor Ada, Alma, y Campoy, Isabel. *Celebra el Cinco de Mayo con un jarabe tapatío.* Buenos Aires: Alfaguara Infantil, 2006.

SITIOS WEB

www.history.com/history of the holidays

www.kiddyhouse.com

www.Mexonline.com

www.zianet.com

Glosario

Folklórico: Proviene del inglés *folk* ("pueblo") y significa "del pueblo" o "popular". Los bailarines folklóricos interpretan danzas tradicionales o populares.

Lowriders: Esta palabra inglesa se usa para referirse a unos carros y bicicletas modificados con una suspensión neumática que les permite saltar, rebotar y bailar.

Maraca: Instrumento de percusión hecho con una calabaza seca y vacía con semillas o piedritas dentro, normalmente con un mango largo. Se agita al ritmo de la música.

Mariachi: Estilo de música mexicana originaria del estado de Jalisco. Para escucharla, entra en MariachiRadio.com.

Naturalización: Proceso por el que el gobierno de los EE.UU. concede la nacionalidad estadounidense a un ciudadano de otro país.

Recrear: Representar un evento, tratando de mostrar al público qué sucedió y cómo pasó.

Dónde se hicieron las fotos

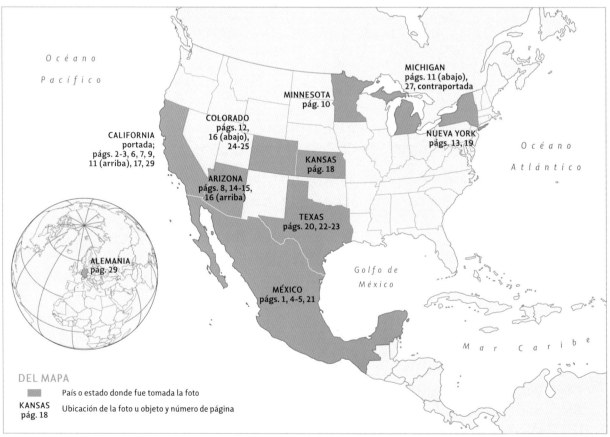

Océano Pacífico

MICHIGAN
págs. 11 (abajo),
27, contraportada

MINNESOTA
pág. 10

COLORADO
págs. 12,
16 (abajo),
24-25

CALIFORNIA
portada;
págs. 2-3, 6, 7, 9,
11 (arriba), 17, 29

NUEVA YORK
págs. 13, 19

Océano Atlántico

KANSAS
pág. 18

ARIZONA
págs. 8, 14-15,
16 (arriba)

TEXAS
págs. 20, 22-23

ALEMANIA
pág. 29

Golfo de México

MÉXICO
págs. 1, 4-5, 21

Mar Caribe

DEL MAPA

▨ País o estado donde fue tomada la foto

KANSAS
pág. 18 — Ubicación de la foto u objeto y número de página

30

El Cinco de Mayo: Una reafirmación de la cultura mexicoamericana

Dr. José M. Alamillo

Para comprender plenamente el significado y la amplia popularidad del Cinco de Mayo en los Estados Unidos, es importante considerar esta celebración dentro del contexto de la historia de los latinos.

Tras la victoria mexicana en la batalla de Puebla, el 5 de mayo de 1862, el presidente Benito Juárez declaró esa fecha fiesta nacional. A pesar de la victoria, sin embargo, los franceses regresaron un año más tarde, derrotaron al ejército mexicano y ocuparon el país. Cuando las noticias de la invasión francesa llegaron a los Estados Unidos, la comunidad de mexicanos expatriados comenzó a organizar actos de recaudación de fondos para enviárselos a las tropas mexicanas. Mediante la conmemoración, el cinco de mayo, de la batalla de Puebla, los exiliados políticos y los emigrantes trataban de alentar un movimiento de resistencia para expulsar a los franceses y reivindicar México para los mexicanos. Tras la derrota de Francia y el restablecimiento de la independencia, estos actos se fueron transformando en las celebraciones del Cinco de Mayo que continuarían a lo largo del siglo XX.

Cuantos más emigrantes dejaban México camino de los Estados Unidos por razones económicas o políticas, incluida una guerra civil, la celebración del Cinco de Mayo fue adquiriendo un carácter más patriótico. Además de los discursos políticos, los desfiles y los bailes, la gente se reunía para la coronación, por un representante mexicano, de la reina del Cinco de Mayo.

Durante los años treinta y cuarenta, estas celebraciones fueron adquiriendo un carácter bilingüe y bicultural. La segunda generación de mexicoamericanos, incluidos los veteranos que regresaron de la Segunda Guerra Mundial, se sentían más identificados con la cultura estadounidense que con la mexicana. Ya entonces las celebraciones incluían tanto banderas mexicanas como estadounidenses, se cantaban ambos himnos nacionales y se bailaba música popular estadounidense. Se convirtieron en importantes acontecimientos urbanos. Estos cambios permitieron a los mexicoamericanos establecer nexos de unión con los representantes municipales angloamericanos, lo que sirvió para fomentar una mejor convivencia entre ambas comunidades.

Inspirados por el movimiento de los derechos civiles de los años sesenta y setenta, los jóvenes mexicoamericanos trataron de reivindicar su historia y cultura mediante celebraciones del Cinco de Mayo en las escuelas secundarias y las universidades. Para ellos la lección de autodeterminación de la batalla de Puebla venía a significar que, a pesar de todas las dificultades, la comunidad mexicoamericana debía continuar su lucha por la igualdad en educación, representación política y justicia económica. Una de sus victorias fue la Bilingual Education Act en 1968, que fomentaba el desarrollo de programas bilingües y planes de estudio multiculturales en las escuelas públicas.

Con el aumento de la inmigración y del poder adquisitivo de los consumidores latinos, el Cinco de Mayo ha seguido transformándose. Una de las razones de que actualmente sea más popular en los Estados Unidos que en México es que las empresas estadounidenses patrocinan, promocionan y comercializan esta fecha como fiesta latina. Las grandes empresas de los EE.UU. invierten millones para hacerse con este mercado creciente, joven y cada vez más de clase media. La dispersión geográfica por todo el país de la población mexicana, que alcanza lugares tan insospechados como el Medio Oeste y el Sur, sin olvidar Hawai o Alaska, también ha contribuido a la popularidad del Cinco de Mayo.

Con el paso de los años, el Cinco de Mayo ha ido evolucionando desde una fiesta menor en México a una señalada festividad latina en los Estados Unidos. Los inmigrantes mexicanos celebran el Cinco de Mayo como una forma de conmemorar su historia, reivindicando su cultura, recaudando fondos para causas sociales y fomentando un espíritu comunitario. Hoy en día, el Cinco de Mayo sigue creciendo en popularidad y transformándose en una auténtica celebración estadounidense.

José M. Alamillo

El Dr. José M. Alamillo es profesor asociado en Estudios de Etnología Comparada en la Washington State University. Es autor de Making Lemonade Out of Lemons, *un estudio sobre el trabajo y el ocio de los mexicoamericanos.*

For Roberto, Alberto y Aurora y la familia

FOTOGRAFÍAS

Portada, © Kevork Djansezian/Associated Press; Contraportada: © Ilene MacDonald/Alamy; Lomo: © Gordon Swanson/Shutterstock; 1: © Jack Kurtz/ZUMA Press; 2-3: © Robert Galbraith/Corbis; 3 (derecha): © Brand X; 4-5: © Tibor Bogan/Corbis; 6: © Richard Cummins/Corbis; 7: © Richard Cummins/Corbis; 8: © Joe Viesti/ Viesti Associates; 9: © Brian Baer/Sacramento Bee/ZUMA Press; 10: © Eric Miller/Associated Press; 11 (arriba): © David Young/Photo Edit Inc; 11 (abajo): © Ilene MacDonald/Alamy; 12: © Darius Panahpour; 13: © Bryan Smith/ZUMA Press; 14-15: © Jack Kurtz/The Image Works; 15 (arriba): © Brand X; 16 (arriba): © Tom Boggan/Scottsdale Tribune; 16 (abajo): © Darius Panahpour; 17: © Michael Owen Baker/Los Angeles Daily News/Associated Press; 18: © Karen Lee Milkos/Daily Reporter/Associated Press; 19 (arriba): © Brand X; 19 (abajo): © Gary Walts/The Image Works; 20: © Joel Andrews/The Lufkin Daily News/Associated Press; 21: © Tony Anderson/Getty Images; 22 (izquierda): © USPS/Associated Press; 22-23: © Philip Gould/Corbis; 24-25: © Darius Panahpour; 27: © Suzanne Tucker/Shutterstock; 28: © Anthony Hall/Shutterstock; 29: © Patrik Stollarz/AFP/Getty Images.

Traducción al Español Deborah Bonner y Mariano López

Datos de catalogación de la Biblioteca del Congreso
Otto, Carolyn.
Celebremos el Cinco de Mayo / Carolyn Otto; Asesor, Jose M. Alamillo.
  p. cm. — (Fiestas del mundo)
Incluye referencias bibliográficas e índice.
ISBN 978-1-4263-0215-2 (venta al público: papel alc.) —
ISBN 978-1-4263-0216-9 (bibliotecas: papel alc.)
ISBN 978-1-4263-0363-0 (traducción al español)
1. Cinco de Mayo (fiesta mexicana) — Literatura juvenil. 2. Cinco de Mayo, Batalla de Puebla, México, 1862 — Literatura juvenil. I. Alamillo, José M. II. Título.
F1233.O88 2008
394.262—dc22

                    2007034250

Serie diseñada por 3+Co. y Jim Hiscott.
La tipografía del texto se realizó en Mrs. Eaves.
La tipografía de los pies de ilustración se realizó en Lisboa.

Portada: Los bailarines del grupo Alegría Mexicana interpretan un baile tradicional mexicano en una celebración del Cinco de Mayo en Los Ángeles, California.

Contraportada: Mexicoamericanos de Port Huron, Michigan, dirigiéndose hacia el festival del Cinco de Mayo de su comunidad.
Página de título: Ondeando la bandera mexicana, un niño se apura para unirse al desfile en Ciudad de México.

 National Geographic Society, fundada en el año 1888, es una de las mayores organizaciones científicas y educativas sin afán de lucro del mundo. Llega cada mes a más de 285 millones de personas de todo el mundo a través de su publicación oficial, NATIONAL GEOGRAPHIC, y sus otras cuatro revistas; el National Geographic Channel, documentales de televisión, programas de radio, largometrajes, libros, videos y DVDs, mapas y soportes interactivos. National Geographic ha financiado más de 8.000 proyectos de investigación científica y apoya un programa educativo para reducir el analfabetismo geográfico.

Para obtener más información, llame al 1-800-NGS LINE (647-5463) o escriba a la siguiente dirección:
National Geographic Society, 1145 17th Street N.W., Washington, D.C. 20036-4688 U.S.A.

Visítenos en Internet en www.nationalgeographic.com/books

Para obtener información sobre descuentos especiales y compras de gran volumen, póngase en contacto con National Geographic Books Special Sales: ngspecsales@ngs.org

Para obtener información sobre derechos o permisos de reproducción, póngase en contacto con National Geographic Books Subsidiary Rights: ngbookrights@ngs.org

PUBLICADO POR NATIONAL GEOGRAPHIC SOCIETY

John M. Fahey, Jr., *President and Chief Executive Officer*
Gilbert M. Grosvenor, *Chairman of the Board*
Tim T. Kelly, *President, Global Media Group*
Nina D. Hoffman, *Executive Vice President; President, Book Publishing Group*

EQUIPO DEL PROYECTO

Nancy Laties Feresten, *Vice President, Editor-in-Chief*
Bea Jackson, *Design and Illustrations Director*
Amy Shields, *Executive Editor*
Jennifer Emmett, *Executive Editor*
Mary Beth Oelkers-Keegan, *Project Editor*
Jim Hiscott, *Art Director*
Lori Epstein, *Illustrations Editor*
Melissa Brown, *Project Designer*
Carl Mehler, *Director of Maps*
Priyanka Lamichhane, *Assistant Editor*
Rebecca Baines, *Editorial Assistant*
Katelin Sanford, *Photography Intern*
Jennifer A. Thornton, *Managing Editor*
Gary Colbert, *Production Director*
Lewis R. Bassford, *Production Manager*
Maryclare Tracy, Nicole Elliott, *Manufacturing Managers*
Susan E. Borke, *Senior Vice President and Deputy General Counsel*

AGRADECIMIENTOS

Saludos y gracias a José Alamillo, el asesor de este libro. Grandes abrazos para Venda y su hija Sharon Amann Feld, una maestra de educación bilingüe de Phoenix que cree que la enseñanza es un camino de ida y vuelta, y a sus estudiantes que nos mandaron descripciones y dibujos de sus celebraciones del Cinco de Mayo. Y gracias a Mary Beth y a Nancy, cuyo apoyo ha sido fundamental. Gracias también a Eliza González por su revisión de la traducción española.